Simone S

Fra' Girolamo Savonarola

La sua vita, il suo tempo e la sua memoria

His Life, His Time and His Memory

Introduzione di / *Introduction by*

Magnolia Scudieri

Le Lettere

Traduzione in inglese / *translation into English*:
Shanti Evans

ISBN 88 7166 981 9

Sommario

Contents

In frontespizio:
Medaglia che raffigura il Savonarola, 1497.
Firenze, Museo Nazionale del Bargello

*Title page:
Medal portraying Savonarola, 1497.
Museo Nazionale del Bargello, Florence*

Savonarola e il suo Museo

di Magnolia Scudieri

Certamente non esisterebbe il Museo di San Marco senza l'Angelico, ma si può affermare con certezza che non esisterebbe neanche senza il Savonarola, tanto è stata determinante la figura del Frate per la nascita del Museo.

Si deve infatti tener presente che, andando indietro nel tempo, non sempre il convento di San Marco ha goduto universalmente della considerazione che meritava. In particolare, la consapevolezza del valore monumentale dell'edificio e delle opere che esso conteneva era andata affievolendosi nel tempo raggiungendo il culmine nel 1812, quando sotto l'amministrazione del governo francese, che già nel 1808 lo aveva inserito fra gli edifici soppressi e destinato a deposito delle opere estratte dagli altri edifici, venne proposto di abbatterlo per realizzare sulla sua area una grande piazza d'armi.

Fortunatamente il progetto trovò fiera opposizione nel mondo culturale fiorentino, e specificamente presso alcune autorità quali il senatore Giovanni degli Alessandri che scrisse un'appassionata lettera al governo francese in difesa di San Marco, e il pericolo fu sventato. Dopo pochi anni, nel 1816, il convento fu restituito ai domenicani e circa trent'anni dopo ospitò colui che dette un impulso determinante alla rinascita di interesse per questo luogo e la sua storia. Si allude al padre Vincenzo Marchese che visse qui dal 1841 al 1851 e che scrisse opere fondamentali per la ri-

Savonarola and His Museum

by Magnolia Scudieri

The Museo di San Marco would certainly not have been set up without Fra Angelico, but it is equally true that it would not exist without Savonarola, so decisive a role has the figure of the friar played in the creation of the museum.

In fact it must be borne in mind that, going back in time, the monastery of San Marco has not always enjoyed the universal consideration it deserved. In particular, awareness of the monumental value of the building and of the works that it once housed had faded over time. This process reached its peak in 1812 when the French government, which had already placed it on the list of abolished places of worship in 1808 and used it as a store for works taken from other buildings, proposed that the monastery be demolished to make room for a large parade ground.

Fortunately the plan encountered fierce opposition from the cultural world of Florence, and specifically from a number of authoritative figures like the senator Giovanni degli Alessandri, who wrote a passionate letter to the French government in defense of San Marco, and the threat was averted. After a few years, in 1816, the monastery was restored to the Dominicans, and about thirty years later became the home of the man who gave a decisive impetus to the revival of interest in this place and its history. He was Father Vincenzo Marchese, who lived there from 1841 to 1851 and wrote works fundamental to the reconstruction of the

costruzione delle vicende storiche, letterarie e artistiche sia dell'Ordine domenicano che del convento di San Marco. L'attenzione che egli seppe ricondurre sui personaggi insigni dell'ordine che abitarono il convento nel tempo, fra cui Savonarola, ebbe non poca parte nel riconoscimento pubblico del valore monumentale del convento e fu strumento indispensabile per la sua futura conservazione.

Quando infatti, nel 1866, a seguito della legge sulla soppressione degli ordini religiosi, fu operata una scelta degli edifici di particolare pregio, da riconoscere ufficialmente come monumentali e quindi da tutelare insieme al loro contenuto, la causa di San Marco fu sostenuta ribadendo, oltre ai pregi artistici, l'importanza che alcuni suoi illustri abitanti, come il Savonarola, ebbero nelle vicende della Repubblica Fiorentina.

Il 12 ottobre 1866 nasceva ufficialmente il Museo di San Marco con la finalità, enunciata da Aurelio Gotti, direttore delle Gallerie Fiorentine, di "ricordare ai posteri i non pochi insigni uomini domenicani che nei passati secoli illustrarono con le loro opere sia di letteratura sia di pittura l'Italia", che fece propria l'intenzione celebrativa del Marchese. L'impronta data alla successione dei lavori di restauro e di allestimento museale, che ebbero inizio subito dopo, dimostra che l'interesse primario che guidò la valorizzazione museale fu quello storico. Fra gli interventi prioritari rientrarono infatti, oltre alla sistemazione della Biblioteca, quella delle celle di Savonarola e di sant'Antonino.

Inizia così nel 1867 la vicenda museale degli ambienti Savonaroliani del Museo. Dopo gli interventi di natura conservativa si cercò di restituire significatività a quelle celle collocandovi pitture, reliquie, oggetti e documenti che aiutassero a ricordarne

historical, literary and artistic past of both the Dominican order and the convent of San Marco. The attention that he drew to the illustrious members of the order who had lived in the monastery over the course of time, including Savonarola, played no small part in the public recognition of its value as a monument and proved crucial to its preservation in the future.

In fact when, in 1866, following the promulgation of the law on the abolition of religious orders, a list was drawn up of buildings of particular worth to be officially recognized as monuments and preserved along with their contents, the argument for the inclusion of San Marco was based not only on the artistic merits of the building itself, but also on the role that some of its eminent inhabitants, like Savonarola, had played in the history of the Florentine Republic.

The Museo di San Marco was officially set up on October 12, 1866, with the aim, as Aurelio Gotti, director of the Florentine Galleries, put it, of "recording for posterity the illustrious Dominicans who brought honor to Italy in past centuries with their works of literature and painting," thereby endorsing Marchese's celebratory intent. The approach taken to the series of interventions designed to restore the building and turn it into a museum, which got underway immediately afterward, shows that the primary interest was the historical one. Among the earliest of these interventions, in addition to the renovation of the Library, was the restoration of the cells of Savonarola and St. Antoninus.

So the transformation of the rooms used by Savonarola into an integral part of the museum began in 1867. After works of a conservational nature had been carried out, an effort was made to lend meaning to the cells by placing in them paintings, relicts, objects and documents that would help to commemorate the figure of the man. In the chapel in

Giovanni Dupré, *Busto di Savonarola*, 1873.
Firenze, Museo di San Marco.

Giovanni Dupré, Bust of Savonarola, *1873.*
Museo di San Marco, Florence.

la figura. Nella Cappella antistante le celle fu smontato l'altare ligneo, restaurati il soffitto, i pavimenti e la finestra e si arricchirono le nude pareti della cappella trasportandovi, a breve distanza di tempo, due affreschi di fra' Bartolomeo, il frate-pittore seguace di fra' Girolamo. Si trattava della splendida *Madonna col Bambino* dipinta da fra' Bartolomeo nel 1514 per il Convento di Santa Maria Maddalena alle Caldine, che fu sistemata alla parete frontale nel 1867, e dell'*Incontro a Emmaus,* staccato da un ambiente al piano terreno di San Marco, posizionato nel 1872 alla parete sinistra. Contestualmente alla costruzione di mobili in stile – di cui abbiamo notizia ma non l'elenco – individuabili nello scrittoio, in qualche sedia "savonarola" e forse nella teca porta-reliquie, si avviò la raccolta di quante più opere possibili, utili a far conoscere e ricordare il Savonarola: dai ritratti alle 'reliquie' vere e proprie, ai documenti, a tutti gli oggetti che le fonti o

front of the cells the wooden altar was dismantled, the ceiling, floors and window were restored and the bare walls were adorned, within a short distance of time, with two frescoes by Fra Bartolomeo, the painter and monk who had been a follower of Fra Girolamo. These were the splendid Madonna and Child *painted by Fra Bartolomeo in 1514 for the convent of Santa Maria Maddalena alle Caldine, which was transferred to the front wall of the chapel in 1867, and the* Mooting at Emmaus, *detached from a room on the ground floor of San Marco and mounted on the left-hand wall in 1872. Pieces of furniture were constructed in the style of the period, and while no list has survived, these can be identified as the desk, several "Savonarolan" chairs and perhaps the display case for the relics. At the same time, the museum began to assemble as many works as possible that would serve to present and commemorate Savonarola: from portraits to "relics," documents and all the objects that*

anche solo la tradizione legavano al Frate. Questi, tangibili testimonianza della fortuna che il culto del Savonarola ebbe nei secoli, provenivano dai conventi domenicani o da privati collezionisti, presso i quali erano state conservate con venerazione a dispetto di qualsiasi divieto. Mentre nelle due celle trovarono posto il *Ritratto di fra' Girolamo* di fra' Bartolomeo, le reliquie, l'immagine del *Supplizio del Savonarola in Piazza Signoria* e alcuni codici, la cappella, che si presentava un po' sguarnita, accolse nel 1873, al termine di un lungo dibattito, il monumento realizzato da Giovanni Dupré.

Nel corso del Novecento, in cui a fronte di alcuni pezzi che, lasciati in deposito, furono ritirati dai prestatori, altri se ne sono aggiunti, tratti dai depositi del Museo e delle Gallerie e l'allestimento non ha subito variazioni di rilievo fino alle celebrazioni per il V Centenario della morte, nel 1498. Per quella occasione il Museo ha organizzato una mostra e realizzato un nuovo percorso tutt'ora in essere. Nella Cappella sono stati raccolti dipinti e rilievi con funzione celebrativa che testimoniano la vitalità nel tempo del culto del Frate, mentre lo storico dipinto col *Supplizio*, le reliquie e gli oggetti a lui appartenuti, finalmente dispiegati e restaurati, hanno trovato nuovo spazio di esposizione, oltre che nelle due celle già abitate da Savonarola, anche nelle ultime due celle del corridoio del Giovanato, in fondo al quale Savonarola scelse di abitare dividendo in due lo spazio di una cella.

Visitando questi ambienti scarni, densi di spiritualità, è forse più facile entrare nella dimensione profetica del frate che scelse, anche nel convento, di stare "ultimo", ma vicinissimo alle mura della Chiesa dove si trovava il suo Re.

according to the sources or even just tradition were linked with the friar. Tangible evidence for the popularity of Savonarola's cult over the centuries, these came from Dominican monasteries and convents or from private collectors, who had preserved them with veneration despite the ban that had been placed on such activity. While Fra Bartolomeo's Portrait of Fra Girolamo, *the relics, the picture of the* Execution of Savonarola in Piazza Signoria *and several manuscripts were placed in the two cells, the decision was taken in 1873, at the end of a long debate, to install the memorial sculpted by Giovanni Dupré in the chapel, which had a fairly unadorned appearance.*

While several pieces that had been on loan were taken back by their owners over the course of the 20th century, others taken from the stores of the museum and the Florentine Galleries took their place and the display did not undergo any significant changes up until the celebrations for the 5th centenary of his death, in 1998. On that occasion the museum staged an exhibition and laid out a new route that is still in existence. Paintings and reliefs of a commemorative character, bearing witness to the vitality of the friar's cult over time, were placed in the chapel, while the historic painting of his Execution, *the relics and the objects that used to belong to him, finally restored, were put on display not just in the two cells once occupied by Savonarola but also in the last two cells of the corridor of the Giovanato, at the end of which Savonarola had chosen to make his home, dividing the space of a cell in two.*

In these plain rooms, with their intensely spiritual atmosphere, it is perhaps easier for us to sense the prophetic dimension of the friar, who chose, even in the monastery, to stay at the "back," but at a location very close to the walls of the church where his King was to be found.

Premat mundus, insurgant hostes, nihil timeo.
Quoniam in Te Domine speravi,
Quoniam Tu es spes mea,
Quoniam Tu altissimum posuisti refugium Tuum

(G. Savonarola,
"Expositio in psalmum In Te, Domine, speravi",
8-18, maggio, 1498)

La formazione di Girolamo Savonarola: da frate a predicatore a profeta

Girolamo Savonarola nacque a Ferrara il 21 settembre del **1452** da Niccolò di Michele dalla Savonarola, di origini padovane, e da Elena Bonaccorsi.
Terzo di sette fratelli, la sua fu una giovinezza trascorsa in una ricca famiglia della città emiliana. Il nonno fu medico del Signore di Ferrara Niccolò d'Este, il padre si occupava di traffici finanziari.
Sappiamo che studiò a Ferrara, una delle città dove l'Umanesimo e il Rinascimento italiano toccarono le vette più alte, e lì risiedette almeno fino al **1475** quando – secondo la leggenda tramandata dal suo primo anonimo biografo (lo pseudo-Burlamacchi) – se ne allontanò, spinto dalle parole bibliche: «Vattene dal tuo paese, dalla tua patria e dalla casa di tuo padre verso il paese che ti indicherò» (*Genesi* 12,1); parole che, si narra, furono ascoltate dal giovane studente nella chiesa di Sant'Agostino a Faenza.
Se è la parola di Dio che lo spinge verso la vita religiosa, nella lettera che scrive al padre il 25 aprile di quell'anno sono i versi di Virgilio che lo aiutano a motivare questa scelta: «Heu fuge crudeles terras, fuge litus avarum» («Ah fuggi questa terra crudele, quest'avido lido!», *Eneide*, III, 44).

The Making of Girolamo Savonarola: from Friar to Preacher to Prophet

*Girolamo Savonarola was born at Ferrara on September 21, **1452**, the son of Niccolò di Michele dalla Savonarola, originally from Padua, and Elena Bonaccorsi.*
The third of seven children, he spent his youth in the bosom of one of the Emilian city's wealthier families. His grandfather was physician to Ferrara's ruler, Niccolò of Este, while his father dealt in financial matters.
*We know that he studied in Ferrara, one of the cities where Humanism and the Italian Renaissance reached their highest peaks, and lived there until at least **1475** when – according to the legend handed down by his first, anonymous biographer (the pseudo-Burlamacchi) – he decided to leave, prompted by the words of the Bible: "Get thee out of thy country, and from thy kindred, and from thy father's house, unto a land that I will shew thee" (*Genesis *12:1). Words that, it is said, were heard by the young student in the church of Sant'Agostino at Faenza.*
*If it was the word of God that spurred him toward the religious life, in the letter he wrote to his father on April 25 of that year it was to Virgil that he turned to explain his choice: "*Heu fuge crudeles terras, fuge litus avarum*" ("Oh, flee the bloody land, the wicked shore,"* Aeneid, *III, 44).*

Si delinea dunque già la figura di un uomo pienamente calato nel suo tempo: devoto e al contempo sensibile alle suggestioni della cultura classica.
Fu dunque così, «fuggendo la gran malizia de' cecati popoli d'Italia», che Girolamo Savonarola entrò nel convento domenicano di Bologna come novizio.
Nel **1482 –** sempre seguendo il racconto dell'anonimo scrittore cinquecentesco – Savonarola incontra a Reggio in Emilia, durante il capitolo della Congregazione lombarda dell'Ordine domenicano, Giovanni Pico della Mirandola, autore della famosa *Oratio de hominis dignitate* (*Discorso sulla dignità dell'uomo*) e molto vicino alla cerchia di intellettuali della corte fiorentina di Lorenzo il Magnifico. Si dice che in quell'occasione Pico sia rimasto ammirato dalle qualità dialettiche del giovane frate impegnato in una disputa scolastica con un confratello.
Quel che è certo è che in conclusione di quel capitolo fra' Girolamo ebbe l'incarico di lettore, fu cioè incaricato di leggere e commentare le Sacre Scritture per i suoi confratelli, proprio entro le mura di Firenze, nel convento di San Marco.
Esattamente a questo periodo risale la stesura di una sorta di codice di comportamento del buon religioso, uno scritto – edito nel 1491 con il titolo di *Alcune regole* – che ci rivela quali fossero gli insegnamenti che fra' Girolamo impartiva a novizi e studenti: «Impegno principale del religioso è quello di tendere notte e giorno a tenere unita la propria anima con Dio, mediante la preghiera e la contemplazione, e un amore continuo [...]»; per poter raggiungere tale condizione «primo egli deve amare la povertà sia privatamente che nella vita comune, proponendo fermamente nel proprio cuore di non voler possedere e di non riservare nulla al pro-

The figure that emerges from this is already that of a man fully of his time: devout and at the same time sensitive to the ideas of classical culture.
So it was "fleeing the great malice of the blinded peoples of Italy" that Girolamo Savonarola entered the Dominican monastery in Bologna as a novice.
While attending the chapter of the Lombard Congregation of the Dominican Order at Reggio in Emilia in ***1482*** *(again according to the anonymous 16th-century writer), Savonarola met Giovanni Pico della Mirandola, author of the famous* Oratio de hominis dignitate *("Oration on the Dignity of Man") and a man with close ties to the circle of intellectuals at the Florentine court of Lorenzo the Magnificent. It is said that on that occasion the young friar impressed Pico with his dialectical abilities while engaged in a scholastic debate with another monk.*
What is certain is that at the end of the chapter Fra Girolamo was given the post of lector, a function that entailed reading the Holy Scriptures to his fellow monks and commenting on them, at the monastery of San Marco in that very city of Florence.
This was the period in which he compiled a sort of code of behavior for the good monk, a text – published in 1491 under the title of Alcune regole *("A Few Rules") – that gives us an idea of the sort of teachings Fra Girolamo imparted to novices and students: "The principal obligation of the friar is to strive night and day to keep his soul united with God, through prayer and contemplation, and a continuous love [...]"; in order to attain this state "he must first love poverty both privately and in common, resolving firmly in his heart not to desire to possess and not to keep anything for his own use except the strictly necessary, detesting all riches,*

Fra Bartolomeo, *Ritratto di Girolamo Savonarola*, 1498 ca. Firenze, Museo di San Marco.

Fra Bartolomeo, Portrait of Girolamo Savonarola, *c. 1498. Museo di San Marco, Florence.*

prio uso all'infuori dello stretto necessario, odiando tutte le ricchezze, sia piccole che grandi, comprese le vesti [...] si rallegri della povertà del proprio monastero e si rattristi della sua opulenza, col deside-

small and great, including clothes [...] he rejoices at the poverty of his own monastery and grieves over its opulence, with the desire to live in great penury to the point of extreme need."

rio di vivere in maniera poverissima fino all'estrema necessità».
Sempre nel 1482 e nell'anno seguente, Savonarola fece le sue prime esperienze di predicatore nel monastero femminile detto 'delle Murate' e nella chiesa di Orsanmichele, quest'ultima sede di un'antica e venerata immagine della Madonna.
Il **1484** registra un momento sicuramente percepito a Firenze come importante per la carriera del predicatore ferrarese; infatti, proprio in quell'anno, gli fu assegnato il pulpito di San Lorenzo, insigne basilica fiorentina e chiesa parrocchiale della famiglia egemone nel governo della città, i Medici.
Sappiamo che per la Quaresima del **1485** predicò anche sotto le volte della bella Collegiata di San Gimignano.
Quasi venti anni dopo, di fronte ai giudici che lo interrogavano sugli inizi di quella sua scandalosa vicenda, Savonarola ricorda che fu proprio lì, a San Gimignano, che iniziò la sua 'predicazione profetica', affermando che la Chiesa «aveva a essere flagellata, rinnovata e presto».
Bisogna a questo punto chiarire che cosa realmente intendesse il predicatore Girolamo Savonarola quando, come in questo frangente e come poi successivamente di frequente, si riferiva alla necessità di riformare la Chiesa.
Il rinnovamento della Chiesa – termine con il quale Savonarola designa il popolo di Dio, la totalità dei fedeli – riguarda principalmente le coscienze dei singoli fedeli, dalle quali procede; solo in seconda istanza tale rinnovamento andrà a modificare le istituzioni religiose, ma anche, come vedremo, quelle politiche.
È una concezione questa che pone il frate di San Marco decisamente fuori dalle schiere dei cosiddetti 'protestanti', fra le quali nel secolo successivo fu posto perfino da alcuni esponenti del suo stesso

In 1482 and the following year, Savonarola gained his first experiences as a preacher in the convent of the Murate, or "Walled-In" nuns, and at the church of Orsanmichele, home to an ancient and venerated image of the Madonna.
*The year **1484** was undoubtedly perceived in Florence as an important one for the career of the Ferrarese preacher. It was in that year, in fact, that he was assigned the pulpit of San Lorenzo, celebrated Florentine basilica and parish church of the dominant family in the city's government, the Medici.*
*We know that during Lent of **1485** he also preached under the vaults of the beautiful collegiate church in San Gimignano.*
Almost twenty years later, Savonarola told the judges who were interrogating him about the beginnings of his scandalous behavior that it had been right there, at San Gimignano, that he had embarked on his "prophetic preaching," asserting that the Church "had to be scourged, to be renewed and soon."
At this point it is necessary to make clear what the preacher Girolamo Savonarola really meant when, at this time and at frequent intervals ever after, he spoke of the need to reform the Church.
The renewal of the Church – a term which Savonarola used to designate the people of God, the whole body of the faithful – was principally a matter of the conscience of individuals, from which it stemmed; only secondly would such a renewal have an effect on religious institutions, as well, as we shall see, on political ones.
This was a view that placed the friar of San Marco decidedly outside the ranks of the so-called "Protestants," amongst whom even some members of his own order would place him in the following cen-

Ordine, come per esempio frate Ambrogio Caterino Politi, che si sforzò di individuare le coincidenze luterane nel pensiero del confratello al fine di «dannarne la memoria» negli anni della 'Riforma cattolica'.

Fra' Girolamo raccontò anche come e quando il suo intelletto era stato per la prima volta raggiunto dal *lumen propheticum*. Trovandosi un anno prima (1484) a Firenze a pregare nella chiesa del monastero femminile di San Giorgio alla Costa, gli erano stati rivelati gli otto segni di questo imminente castigo che attendeva la 'Chiesa': 1) il comportamento del popolo di Dio era chiaramente volto al male piuttosto che al bene; 2) in più, questo 'gregge' aveva indubbiamente dei cattivi 'pastori'. 3) Inoltre, Girolamo riteneva che proprio il dono della profezia che Dio gli inviava fosse il segno più chiaro dell'imminenza di un intervento divino nella Storia. 4) Bisognava poi considerare che anche il comportamento dei più virtuosi fra i suoi contemporanei era riprovevole. Altri segni potevano essere letti 5) nel venir meno della Fede nei cuori di questi uomini e nell'estrema crisi che attraversavano 6) le istituzioni ecclesiastiche, 7) la liturgia 8) e il culto dei santi.

Per l'anno **1487** si ha notizia di una sua predica in un altro importante monastero femminile fiorentino, quello di Santa Verdiana, e soprattutto della sua elezione a 'maestro degli studi' presso lo *Studium* (facoltà di teologia) generale dell'Ordine dei Predicatori a Bologna.

L'anno successivo (**1488**) è a Ferrara e in altre città dell'Italia settentrionale (Modena, Piacenza, Mantova e Brescia) a predicare. È del resto una costante per i predicatori di quei tempi l'essere itineranti. Atipico sarà, dunque, il destino della voce del nostro predicatore che risuonerà costantemente nella vita della città di Firenze.

tury. Friar Ambrogio Caterino Politi, for example, tried to find parallels with Luther in the thinking of his fellow Dominican in order to "damn his memory" in the years of the "Counter Reformation."

Fra Girolamo also told them how and when his intellect had been touched by the lumen propheticum *for the first time. While praying in the church of the nunnery of San Giorgio alla Costa in Florence a year earlier (1484), the eight signs of the imminent chastisement that awaited the "Church" had been made clear to him: 1) the conduct of the people of God was plainly given more to evil than to good; 2) in addition, this "flock" undoubtedly had bad "shepherds." 3) Moreover, Girolamo held that the gift of prophecy that God had made to him was the clearest sign of the imminence of a divine intervention in History. 4) Then it was necessary to consider the fact that even the behavior of the most virtuous of his contemporaries was reprehensible. Other signs could be read 5) in the disappearance of Faith from the hearts of these men and in the extreme crisis in which 6) ecclesiastical institutions, 7) the liturgy and 8) the cult of the saints found themselves.*

For the year ***1487*** *there are reports of a sermon he preached in another important Florentine nunnery, Santa Verdiana, and above all of his appointment as "master of studies" at the* Studium generale *(faculty of theology) of the Order of Preachers in Bologna.*

*The following year (**1488**) found him preaching in Ferrara and other cities of Northern Italy (Modena, Piacenza, Mantua and Brescia). In fact the itinerant state was normal for preachers in those times. So the destiny of the voice of our preacher to resound continually in the life of the city of Florence was by no means a typical one.*

Savonarola profeta e cittadino fiorentino

All'inizio del **1489**, mentre Savonarola percorre le strade della Provincia lombarda, Lorenzo dei Medici scrive – probabilmente su suggerimento del Pico – al Generale dei Domenicani affinché «mandi quel frate Hyeronimo de Ferrara» a Firenze.
Vorrei a questo punto aprire una breve parentesi, anticipando anche alcuni avvenimenti di cui parlerò in seguito, per definire in sintesi quali furono i rapporti reali che intercorsero fra il futuro priore del convento di San Marco e gli esponenti di Casa Medici.
I biografi e gli storici che si autodefinirono "Piagnoni" (Ridolfi e Schnizer) ebbero un ruolo decisivo nello sfatare la leggenda del rifiuto del frate di concedere l'assoluzione al 'tiranno' Lorenzo, una leggenda volta a descrivere un contrasto insanabile fra Lorenzo dei Medici e Savonarola. Tuttavia, essi non abbandonarono mai la tesi che vedeva nel frate e in Lorenzo due personalità culturalmente e politicamente, se non anche spiritualmente, in conflitto, un conflitto che trovò composizione solo in morte di quest'ultimo con un gesto di carità cristiana da parte del religioso domenicano.
Negli ultimi anni invece, in relazione tra l'altro a una ripresa degli studi in vista delle celebrazioni dei Cinquecentenari della morte dei due illustri personaggi, anche questa tesi è stata sottoposta a revisione e si è fatta strada l'ipotesi dell'esistenza di una comunanza di intenti e di vedute fra i due.

Nella pagina accanto:
Marco di Bartolomeo Rustici, *Il convento di San Marco alla metà del Quattrocento*, 1447-48. Firenze, Biblioteca del Seminario Maggiore del Cestello.

Savonarola, Prophet and Citizen of Florence

*At the beginning of **1489**, while Savonarola was traveling the roads of the province of Lombardy, Lorenzo de' Medici wrote – probably at the suggestion of Pico – to the general of the Dominicans asking him to "send that friar Hyeronimo of Ferrara" to Florence.*
At this point I would like to make a brief digression, anticipating certain events to which I shall return later, to describe the real nature of the relations between the future prior of the convent of San Marco and the members of the Medici family.
The biographers and historians (Ridolfi and Schnizer) who defined themselves as Piagnoni *or "Wailers," as the followers of the friar were known, played a decisive role in debunking the legend of his refusal to grant absolution to the "tyrant" Lorenzo, a legend intended to epitomize an irremediable clash between Lorenzo de' Medici and Savonarola. Yet they never repudiated the thesis that the friar and Lorenzo were two personalities in cultural and political conflict, if not spiritual as well: a conflict that was reconciled only on the latter's death by a gesture of Christian charity on the part of the Dominican monk.*
In recent years, however, and partly as a result of a revival of studies in view of the commemoration of the five hundredth anniversaries of the deaths of the two illustrious figures, this notion too has been subjected to review and the hypothesis of the existence of a community of intents and views between the two men has gained ground.

Facing page:
Marco di Bartolomeo Rustici, The Monastery of San Marco in the Middle of the Fifteenth Century, *1447-48. Biblioteca del Seminario Maggiore del Cestello, Florence.*

di Francia che rinunciava alle sue pretese sul Napoletano, la Repubblica si trovava senza protezione e fra i suoi cittadini si cominciò a far strada l'idea di accogliere di nuovo Piero dei Medici a Firenze.
Inoltre, nel governo della città, al Valori era subentrato il filo-mediceo Bernardo del Nero. Una carestia che colpì il contado fiorentino contribuì a rendere il clima in città ancora più teso.
Nel marzo Piero si mosse davvero e, alla testa di un esercito che aveva raccolto con l'aiuto del Papa, marciò alla fine di aprile contro Firenze, ma rinunciò poi ad attaccare una città che gli resisteva come non avrebbe immaginato. La Signoria era però ancora stabilmente nelle mani degli "Arrabbiati" e il giorno dell'Ascensione, cioè il 4 maggio del 1497, ci fu la prima manifestazione violenta contro il predicatore, forse addirittura un tentativo fallito di ucciderlo.
Fallito anche il tentativo di Alessandro VI di reinsediare Piero a Firenze, il Papa decise di colpire Firenze mirando a delegittimare quella che, come ho ricordato, gli appariva come la guida spirituale.
Il 18 maggio la scomunica nei confronti di Girolamo Savonarola fu promulgata nelle maggiori chiese fiorentine. Le motivazioni erano che Savonarola aveva predicato tenendo una posizione da eretico, un atteggiamento che veniva confermato anche dalla disubbidienza nei confronti dei Brevi papali che lo invitavano al silenzio e al rifiuto di aderire alla Congregazione domenicana tosco-romana.
Il priore di San Marco rispose con una lettera in volgare, datata 19 giugno, indirizzandola: «A tutti i cristiani e diletti di Dio contra la escomunicazione surrettizia nuovamente fatta».
La lettera si divide in due parti. Per un verso, essa opera una distinzione tra

kingdom of Naples, the republic found itself with no protection and the idea of allowing Piero de' Medici back into Florence began to gain ground among its citizens.
In addition, Valori had been replaced at the head of the city's government by the pro-Medici Bernardo del Nero. A famine that struck the country round Florence made the atmosphere in the city even more strained.
In March Piero made his move, assembling an army with the help of the pope. He marched on Florence at the end of April but, meeting far more resistance than he had expected, decided not to attack the city. However, the Signoria was still firmly in the hands of the Arrabbiati, *the "Angry Ones" as the faction opposed to Savonarola was called, and on Ascension Day (May 4) of 1497 the first violent demonstration against the preacher was held. It may even have been a botched attempt to kill him.*
With the failure of Alexander VI's attempt to have Piero reinstated in Florence as well, the pope decided to get at Florence by undermining the authority of the man whom, as I have pointed out, he saw as its spiritual guide.
On May 18 the excommunication of Girolamo Savonarola was promulgated in the major churches of Florence. The reasons given were that Savonarola had preached from a heretical position, an attitude that was confirmed by his failure to obey the papal briefs which had enjoined silence on him and his refusal to accept the authority of the Dominican Tusco-Roman Congregation. The prior of San Marco replied with a letter in the vulgar tongue, dated June 19 and addressed: "To all Christians and beloved of God against the new surreptitious excommunication."
The letter was divided into two parts. On the one hand, it made a distinction be-

Savonarola tra le fiamme e il pulpito vuoto, xilografia in G. Savonarola, *Prediche sopra Amos profeta*, 1519.

Savonarola amidst the Flames and His Empty Pulpit, *woodcut in G. Savonarola,* Prediche sopra Amos profeta, *1519.*

l'azione pontificia quando è conseguenza di una corretta e diretta conoscenza dei fatti e quando essa è frutto dei disegni di cattivi consiglieri. Per un altro, propone una riflessione sul concetto di autorità: nel caso dell'autorità papale, essa non può contrastare l'insegnamento divino che invita a giudicare anche sulla base del frutto delle azioni. La lettera, affidata ancora una volta allo stampatore fiorentino Bartolomeo de' Libri, conseguì un grande successo di pubblico che si evin-

tween the pope's action when it was the consequence of correct and direct knowledge of the facts and when it was the fruit of the designs of bad advisers. On the other, it offered a reflection on the concept of authority: even papal authority could not go against the divine teaching that invites us to judge things on the basis of the fruits of actions. The letter, once again brought out on the presses of the Florentine printer Bartolomeo de' Libri, must have attracted a large number of

ce dalle tre edizioni che ebbe in quello stesso anno.
Contemporaneamente Savonarola scrive un'altra lettera in latino (l'*Epistola contra sententiam excomunicationis contra se nuper iniuste latam*), pubblicata alla fine del mese e destinata – dice il Ridolfi – agli ecclesiastici e ai dotti, tutta intessuta di citazioni dal diritto canonico, da alcuni noti maestri di teologia, dai decreti conciliari di Basilea e Costanza, attraverso le quali intende motivare in modo più elaborato la propria posizione.
All'inizio del 1498, nel febbraio, Savonarola decise di rigettare anche dal pulpito di Santa Maria del Fiore la validità della sua scomunica, attaccando direttamente il Papa: «Quello che tu così chiami [filius perditionis] dice che lui non tiene cinedi, non concubine, ma attende a predicare la fede di Cristo [...]. Lui attende ad esaltare la Chiesa di Cristo e voi attendete a guastarla».
Il 17 di marzo, quasi un mese dopo, temendo l'interdetto su Firenze e quindi le possibili conseguenze politiche ed economiche già sperimentate durante la cosiddetta "Guerra degli Otto Santi", la Signoria decise che Savonarola non avrebbe più potuto predicare, neppure nella chiesa del suo convento.
Il 25 marzo da Santa Croce il frate minore Francesco di Puglia sfidò alla "prova del fuoco" chiunque volesse sostenere la posizione del Savonarola e che la sua scomunica non fosse valida. Fra' Domenico da Pescia, che aveva sostituito Girolamo Savonarola sul pulpito di San Marco, raccolse il guanto della sfida.
Il 7 aprile, dopo una lunga preparazione, la tanto attesa ordalìa non ebbe luogo perché improvvisamente si scatenò sulla città un fortissimo temporale che rese vano ogni tentativo di accendere il fuoco. Un evento straordinario che, come scrisse il

readers, going by the three editions that were produced in that same year.
At the same time Savonarola wrote another letter in Latin (the Epistola contra sententiam excomunicationis contra se nuper iniuste latam*), published at the end of the month and aimed – according to Ridolfi – at churchmen and scholars. It was filled with citations of canon law, of several well-known theologians and of the decrees issued by the councils of Basel and Constance, through which he sought to explain his position in a more elaborate fashion.*
At the beginning of ***1498****, in February, Savonarola decided to reject the validity of his excommunication from the pulpit of Santa Maria del Fiore, attacking the pope directly: "He whom you call thus [*filius perditionis*] says that he keeps neither catamites, nor concubines, but attends to preaching the faith of Christ [...]. He strives to exalt the Church of Christ and you strive to ruin it."*
Almost a month later, on March 17, fearing the imposition of an interdict on Florence and the possible political and economic consequences that had already been experienced during the so-called "War of the Eight Saints," the Signoria decided that Savonarola would no longer be allowed to preach, not even in the church of his own monastery.
On March 25 the Friar Minor Francesco di Puglia, preaching in Santa Croce, challenged anyone who wished to support Savonarola's position and to argue that his excommunication was not valid to undergo an "ordeal by fire." Fra Domenico da Pescia, who had taken Girolamo Savonarola's place on the pulpit of San Marco, took up the challenge.
Scheduled for April 7 after long preparation, the much-awaited ordeal did not take place as a powerful thunderstorm struck the city, frustrating all attempts to light the fire. An ex-

Due pagine del breviario con le postille autografe del Savonarola. Firenze, Biblioteca Nazionale Centrale.

Two pages of the breviary with notes written by Savonarola in the margin. Biblioteca Nazionale Centrale, Florence.

La copertina del breviario del Savonarola. Firenze, Biblioteca Nazionale Centrale.

The cover of Savonarola's breviary. Biblioteca Nazionale Centrale, Florence.

Ridolfi, «parve ai frateschi un segno della santità di fra' Girolamo, agli avversari opera magica e diabolica di lui; a gran parte del popolo, sicuro indizio che la volontà divina non sofferiva l'esperimento». Raccontano i cronisti che il giorno 8 di maggio, subito dopo il vespro, un membro della famiglia degli Alamanni dette il segnale per l'inizio di un tumulto che si trasformò rapidamente nell'assedio del convento di San Marco, un'azione che lasciò sul terreno molti morti e feriti e si concluse con la messa in stato di arresto di Savonarola e di altri suoi frati.

Fra' Girolamo fu chiuso da solo nella prigione del Palazzo della Signoria, detta dell' 'Alberghettino' presso la torre 'di Arnolfo', dove restò quasi un mese. Durante questo mese di prigionia compose la sua ultima opera *Expositio in psalmum L Miserere mei Domine* che, assieme all'*Orazione fatta il 23 maggio innanzi al Santissimo Sacramento* ebbe, come suo testamento spirituale, numerosissime edizioni nel XV e XVI secolo.

Sottoposto a un duro interrogatorio nel quale fu anche torturato, gli fu estorta una confessione fasulla di colpevolezza in base alla quale fu condannato a morte. La sentenza fu eseguita il 23 maggio 1498, vigilia – nota Ridolfi – dell'Ascensione. Con lui furono impiccati e poi bruciati fra' Silvestro Maruffi e fra' Domenico Buonvicini.

Spentosi il fuoco, quanto era rimasto venne portato via con dei carri e sparpagliato in Arno, affinché «non se possi trovare reliquie, excepto non se ne andasse a cercare nel fiume con la rete», come ricorda Paolo Somenzi, testimone del supplizio dei tre frati.

Un tentativo, non riuscito, di disperdere e di annientare la memoria di un personaggio scomodo.

traordinary event that, as Ridolfi put it, "was taken by the friar's supporters as a sign of Fra Girolamo's sanctity, by his opponents as his magical and diabolic work; by many of the people, as a sure indication that the divine will did not permit the experiment."

The chronicles recount that on May 8, immediately after vespers, a member of the Alamanni family gave the signal for the start of a riot that quickly turned into a siege of the convent of San Marco, an action that left many dead and wounded and concluded with the arrest of Savonarola and several other friars.

Fra Girolamo was placed in solitary confinement in "Arnolfo's Tower" of Palazzo della Signoria, in the prison called the Alberghettino, where he remained for almost a month. During this month of imprisonment he composed his last work Expositio in psalmum L Miserere mei, Domine. *Along with the* Orazione fatta il 23 maggio innanzi al Santissimo Sacramento, *this was published as his spiritual testament, with numerous editions brought out in the 15th and 16th centuries.*

Savonarola was subjected to harsh interrogation and torture, until a false confession of guilt was wrung from him: on this ground he was condemned to death.

The sentence was carried out on May 23, 1498, the eve – as Ridolfi notes – of Ascension Day. Fra Silvestro Maruffi and Fra Domenico Buonvicini were hanged and then burned with him.

Once the fire had gone out, what remained was carried away on carts and scattered in the Arno, so that "it would not be possible to find relics, except by fishing for them in the river with a net," commented Paolo Somenzi, witness to the execution of the three friars.

An unsuccessful attempt to disperse and destroy the memory of an awkward person.

Il culto segreto di fra' Girolamo

Immediatamente dopo l'esecuzione di fra' Girolamo e dei due compagni, un bando dell'arcivescovo di Firenze imponeva la consegna di qualsiasi reliquia del frate; tale obbligo, anche se più volte ribadito, ebbe comunque scarso effetto.

Quasi un secolo più tardi l'allora arcivescovo fiorentino Alessandro dei Medici, in due lettere scritte da Roma nell'agosto e nell'ottobre 1593 si lamentava del rifiorire del culto del frate di San Marco. Egli, infatti, così scriveva al granduca Francesco dei seguaci savonaroliani: «Fanno cose prosontuossissime: occultamente gli fanno l'offizio come a martire, conservano le sue reliquie come se santo fusse, insino a quello stilo dove fu appiccato, i ferri che lo sostennono, li habiti, i cappucci, le ossa che avanzorono al fuocho, le ceneri, il cilicio, conservono vino benedetto da lui, lo danno alli infermi, ne cantano miracoli», mentre venivano diffuse sue immagini «uscite o da i frati [di San Marco] o dalle monache di San Vicenzo di Prato».

Con la condanna di Savonarola e dei suoi seguaci più fervidi, l'allontanamento forzato da Firenze di molti frati di San Marco e la messa sotto tutela del convento aggregato alla neonata Congregazione tosco-romana, la memoria del predicatore ferrarese fu affidata, in parte, al culto privato di alcuni cittadini fiorentini e soprattutto, come emerge dalle cronache del tempo, di alcune donne che per prime ne cercarono i resti che avrebbero conservato come reliquie. In parte, al culto semiprivato che Caterina dei Ricci (beatificata nel terzo quarto del '600) aveva introdotto nel convento delle terziarie domenicane di San Vincenzo a Prato.

Nel convento pratese, infatti, si conservano

The Secret Cult of Fra Girolamo

Immediately after Fra Girolamo and his two companions had been put to death, the archbishop of Florence issued a proclamation requiring any relic of the friar to be handed over: an order that, while repeated several times, had little effect.

Almost a century later the archbishop of Florence at the time, Alessandro de' Medici, lamented the resurfacing of the cult of the friar of San Marco in two letters written from Rome in August and October 1593. This is what he said of Savonarola's followers to Grand Duke Francesco: "They do the most presumptuous things: they secretly say office for him as if he were a martyr, they keep his relics as if he were a saint, including the beam from which he was hanged, the irons that supported him, his clothes, his cowls, the bones that survived the fire, his ashes, his knotted cord; they keep wine blessed by him, giving it to the sick and celebrating its miracles." He also complained of the distribution of images of Savonarola, "produced either by the friars [of San Marco] or by the nuns of San Vicenzo in Prato."

With the execution of Savonarola and his most ardent followers, the expulsion of many of the friars of San Marco from Florence and the placing of the monastery under the tutelage of the newly formed Tusco-Roman Congregation, the memory of the preacher from Ferrara was entrusted, in part, to the private veneration of a number of Florentine citizens; and above all, as we are told by the chronicles of the time, to several women who were the first to search for remains that they could preserve as relics. In part, to the semi-private cult that Caterina dei Ricci (beatified in the third quarter of the 17th century) had introduced into the

alcune tra le più importanti reliquie o presunte reliquie di fra' Girolamo; alcune, si dice, raccolte e conservate in gioventù da Caterina che si reputava da lui miracolata, altre donate alla comunità di San Vincenzo negli anni seguenti. In una teca cinquecentesca sono racchiuse alcune ossa di un dito del frate, mentre un altro reliquiario conserva un sottile bastone di legno raccolto e donato a Caterina da una donna di Casa Mozzi. Al XVII secolo risale il reliquiario che conserva un collare di ferro, il quale secondo la tradizione «fu posto al collo di fra' Girolamo quando fu abbruciato». Sappiamo che proprio dal convento di Prato proviene il più celebre ritratto di Savonarola, opera di fra' Bartolomeo, che ora però si trova nel museo di San Marco.

convent of the Dominican tertiaries of San Vincenzo at Prato.

It is the nunnery in Prato, in fact, that possesses some of the most important relics or presumed relics of Fra Girolamo: some of them, it is said, collected and preserved in her youth by Caterina, who believed she had been miraculously cured by the friar; others donated to the community of San Vincenzo in the years that followed. A 16th-century reliquary holds some bones from one of the Savonarola's fingers, while another shrine contains a slender wooden cane donated to Caterina by a woman of the Mozzi family. The reliquary housing an iron collar that according to tradition "was placed on the neck of Fra Girolamo when he was

Fra Bartolomeo, *Ritratto di Girolamo Savonarola in sembianze di San Pietro Martire*, 1505 ca. Firenze, Museo di San Marco.

Fra Bartolomeo, Portrait of Girolamo Savonarola in the Guise of Saint Peter Martyr*, c. 1505. Museo di San Marco, Florence.*

Nelle pagina accanto:
Dante Sodini, *Bassorilievo in bronzo in memoria di Savonarola*, 1901. Firenze, Chiesa di San Marco.

Facing page:
Dante Sodini, Bronze Bas-Relief in Memory of Savonarola*, 1901. Church of San Marco, Florence.*

La presenza di un culto del Savonarola è chiaramente visibile anche in un altro quadro di fra' Bartolomeo che, dipingendo nell'ospedale di Santa Maria delle Caldine, presentò ai frati lì ricoverati san Pietro Martire con le fattezze del priore di San Marco.
Contribuirono alla conservazione della memoria del messaggio savonaroliano anche il grande numero di incunaboli (libri a stampa) che, quando il predicatore era ancora in vita, ne avevano agevolato la diffusione e che, dopo la morte, si continuarono a stampare almeno fino alla metà del XVI secolo quando furono messi in gran parte fra i libri proibiti nell'*Indice* stilato per volontà di Paolo IV.
Da quel momento in poi le opere già circolanti e che si salvarono dalla distruzione o dai tagli dei censori scomparvero ufficialmente dalla circolazione per riapparire circa due secoli dopo dagli anfratti di conventi e case private dove erano state occultate, grazie alle ricerche di studiosi settecenteschi appassionati di cinquecentine.
Come ho già detto, la figura del frate suscitò un'ondata di devozione privata testimoniata dagli oggetti che probabilmente gli appartennero e che furono prima raccolti nel corso di ben due secoli e poi donati alla fine del '600 dalla famiglia Marmi al convento fiorentino. Qui troviamo dunque una cappa (cioè l'abito del frate), i cilici, e il frammento di una veste (la 'tonacella').
Altri oggetti che segnano un *iter* savonaroliano nel museo di San Marco sono il piccolo crocifisso collocato all'interno della 'cella del Savonarola', lo stendardo processionale e la campana, conservata nella sala capitolare, la cosiddetta 'piagnona' che simbolicamente fu a sua volta coinvolta nel processo ai frati di San

burned" dates from the 17th century. We know that the most famous portrait of Savonarola, painted by Fra Bartolomeo, came from the convent in Prato, although it is now in the museum of San Marco.
The existence of a cult of Savonarola is evident from another picture by Fra Bartolomeo: painting in the hospital of Santa Maria delle Caldine, he presented its inmates with an image of St. Peter Martyr that had the features of the prior of San Marco.
A contribution to the preservation of the memory of Savonarola's message was made by the large number of incunabula *(printed books) that had served to spread it while the preacher was still alive and that continued to be printed after his death up until at least the middle of the 16th century, when most of them were placed on the Index of forbidden books drawn up at the behest of Paul IV.*
From that moment on the works already in existence and that had escaped destruction or the censor's scissors officially vanished from circulation, only to reemerge two centuries later from the recesses of monasteries and private homes where they had been hidden, thanks to the research of 18th-century scholars with a passion for books published in the 16th.
As I have already pointed out, the figure of the friar attracted a surge of private devotion that is reflected in the objects which probably belonged to him and were first assembled over the course of two hundred years and then donated by the Marmi family to the Florentine monastery at the end of the 17th century. Thus we find here a cowl (i.e. the friar's habit), knotted cords and part of a garment (his "dalmatic").
Other objects with Savonarolan connections that can be seen in the museum of San Marco are the small crucifix in

Savonarola sul rogo con i simboli della santità, incisione della fine del sec. XVI.

Savonarola at the Stake with Symbols of Sanctity, late 16th-cent. engraving.

Marco e condannata a essere prima frustata e poi appesa sul campanile del convento dei francescani di San Salvatore a Monte.

Oggetti che furono sicuramente presenti nel convento di San Marco al tempo del suo più famoso priore e che simbolicamente lo accompagnarono, in modo diverso, nella concitazione delle vicende pubbliche come nella tranquillità della preghiera e del raccoglimento della sua vita claustrale.

"Savonarola's cell," the processional standard and bell in the chapterhouse and the so-called piagnona *("moaner") which was symbolically tried along with the friars of San Marco and sentenced to be first flogged and then hung on the bell tower of the Franciscan monastery of San Salvatore a Monte.*

Objects that were undoubtedly present in the convent of San Marco at the time of its most famous prior and that symbolically kept him company, in various ways, amidst the agitation of his public activity as well as in the tranquility of prayer and meditation that characterized his cloistered life.

Luoghi savonaroliani in Firenze

1. San Marco: luogo per eccellenza delle memorie savonaroliane. Qui si trovano gran parte delle sue 'reliquie' e molti oggetti simbolici. Savonarola vi ricoprì fra il 1482 e il 1498 prima l'incarico di lettore e poi quello di priore; con lui il convento diventò il centro della Osservanza domenicana in Toscana.

2. Le 'Murate': nella chiesa di questo monastero di stretta clausura Savonarola predicò per la prima volta in Firenze.

3. Santa Verdiana: un altro importante monastero femminile dove Savonarola fece sentire la sua voce dal pulpito.

4. Orsanmichele: santuario e sede di un'importante confraternita vide la predicazione del giovane Savonarola.

5. San Lorenzo: Savonarola predicò in questa insigne basilica fiorentina, scelta dai Medici per loro tempio, a partire dal 1484.

6. Santa Maria del Fiore: a partire dal 1491 Savonarola vi tenne le sue prediche più famose. Qui si verificarono anche i primi momenti del tumulto che portò alla cattura di Savonarola.

7. San Giorgio alla Costa: prima sede dei domenicani osservanti in Firenze; secondo il racconto di Savonarola fu il luogo dove per la prima volta, nel 1484, ottenne l'illuminazione profetica.

8. Palazzo Vecchio: centro della vita pubblica fiorentina fino alla metà del '500. A partire dal 1494 fu qui iniziata la costruzione del Salone dei Cinquecento secondo l'auspicio di Savonarola di allargare la base del potere del governo cittadino. Inoltre vide Savonarola difendersi di fronte ai Priori dalle accuse di ingerenza nella politica cittadina. Savonarola vi trascorse i suoi ultimi giorni rinchiuso nella prigione detta dell''Alberghetto', presso la torre 'di Arnolfo'.

9. Piazza della Signoria: in questo luogo, sede principale delle feste e cerimonie cittadine, si tennero i 'Bruciamenti delle vanità' del 1497 e del 1498, la Prova del fuoco di fra'Domenico e infine il supplizio del Savonarola.

10. San Salvatore al Monte: convento fiorentino dei Francescani dell'Osservanza nel cui campanile fu posta la campana prelevata dal convento di San Marco che fu 'punita' per aver chiamato alle armi i cittadini contro la Repubblica.

Places in Florence Associated with Savonarola

***1. San Marco**: the place most closely linked with the memory of Savonarola. Here can be found most of his "relics" and many symbolic objects. Between 1482 and 1498 Savonarola held the posts of first lector and then prior; with him the monastery became the hub of the Dominican Observance in Tuscany.*

***2. The 'Murate'**: Savonarola preached his first sermon in Florence in the church of this strictly cloistered convent.*

***3. Santa Verdiana**: another important nunnery where Savonarola preached from the pulpit.*

***4. Orsanmichele**: shrine and seat of an important confraternity where the young Savonarola preached.*

***5. San Lorenzo**: Savonarola preached in this famous Florentine basilica, chosen by the Medici as their family church, from 1484 onward.*

***6. Santa Maria del Fiore**: this is where Savonarola preached his most famous sermons from 1491 onward. It is also the place where the riot that led to Savonarola's arrest began.*

***7. San Giorgio alla Costa**: first seat of the Dominican Observants in Florence; according to Savonarola it was the place where he first received his prophetic inspiration, in 1484.*

***8. Palazzo Vecchio**: the center of Florentine public life up until the middle of the 16th century. It was here that work started in 1494 on the construction of the Salone del Cinquecento in response to Savonarola's exhortation to broaden the base of the city's government. It also saw Savonarola defend himself before the Priors from charges of meddling in civic politics. Savonarola spent his last days here, locked up in the prison called the Alberghetto, in Arnolfo's Tower.*

***9. Piazza della Signoria**: this square, the city's principal setting for festivals and ceremonies, saw the "Bonfires of the Vanities" in 1497 and 1498, Fra Domenico's ordeal by fire and finally Savonarola's execution.*

***10. San Salvatore al Monte**: Florentine monastery of the Franciscans of the Observance in whose campanile was hung the bell taken from the convent of San Marco, after being 'punished' for having summoned the citizens to arms against the Republic.*

1
2
3
4
5
6
7
8
9
10
Giardino dei Semplici
Giardino della Gherardesca
P.ZA DELLA INDIPENDENZA
S. MARCO
PIAZZA SAN MARCO
GALLERIA DELL'ACCADEMIA
SS. ANNUNZIATA
P. ZA DELLA S.S. ANNUNZIATA
MUSEO ARCHEOLOGICO
P.LE DONATELLO
P.ZA D'AZEGLIO
P.ZA FRA' G. SAVONAROLA
P.ZA D. MERCATO CENTRALE
PALAZZO MEDICI RICCARDI
S. LORENZO
P.ZA DELL'UNITÀ ITALIANA
S. MARIA DEL FIORE
P.ZA DEL DUOMO
TEATRO LA PERGOLA
SINAGOGA E MUSEO EBRAICO
PALAZZO STROZZI
BADIA
BARGELLO
PIAZZA DELLA SIGNORIA
PALAZZO VECCHIO
LOGGIA DELLA SIGNORIA
GALLERIA DEGLI UFFIZI
P. ZA S. CROCE
S. CROCE
BIBLIOTECA NAZIONALE
PONTE S. TRINITA
PONTE VECCHIO
PONTE ALLE GRAZIE
A R N O
PALAZZO PITTI
FORTE DI BELVEDERE
PIAZZALE MICHELANGELO
S. MINIATO AL MONTE
Monte alle Croci
VIA CAVOUR
VIA RICASOLI
VIA DEI SERVI
VIA DEL PROCONSOLO
VIA DEI CALZAIUOLI
VIA DE' CERRETANI
VIA DEI PUCCI
BORGO DEGLI ALBIZI
VIA GHIBELLINA
VIA DE' NERI
VIA DI BELVEDERE
VIA DI S. LEONARDO
VIALE GALILEI
LUNGARNO TORRIGIANI
LUNG. NO DELLA ZECCA VECCHIA
LUNGARNO SERRISTORI
BORGO S. JACOPO
VIA GUICCIARDINI
VIA DEI RENAI
VIA DI S. NICCOLÒ
P. ZA G. POGGI
VIA DELL' ORIUOLO
BORGO PINTI
VIA DEI MACCI
VIA DELLA PERGOLA
VIA NAZIONALE
VIA FAENZA
VIA GUELFA

Bibliografia / *Bibliography*

TESTI / *TEXTS*

Edizione nazionale delle opere di Girolamo Savonarola, Roma, A. Belardetti, 1955-1988, voll. 22

Sermons, écrits politiques et pièces du procès, textes traduits de l'italien, présentés et annotés par Jean Luois Fournel et Claude Zancarini, Paris, Editions du Seuil, 1993

Savonarolan Laude, Motets and Anthems, edited by Patrick Macey, Madison (Wis), A. R. Editions, 1999

O Florenz! O Rom! O Italien! Predigten, Schriften, Briefe, Girolamo Savonarola, aus dem Lateinischen und Italienischen übersetzt und mit einem Nachwort von Jacques Laager, mit drei farbigen Bildtafeln, Zürich, Manasse, 2002

BIOGRAFIE / *BIOGRAPHIES*

La vita del Beato Ieronimo Savonarola scritta da un anonimo del XV secolo e già attribuita a Fra Pacifico Burlamacchi, pubblicata secondo il codice ginoriano, a cura del principe Ginori Conti con l'introduzione di Roberto Ridolfi, Firenze, Olschki, 1937

ROBERTO RIDOLFI, *Vita di Girolamo Savonarola*, avvertenza di Eugenio Garin, note aggiunte di A. F. Verde O.P., rist. della 6ª edizione (1981), Firenze, Le Lettere, 1997

STUDI / *STUDIES*

Italiano / *Italian*:

PASQUALE VILLARI, *La storia di Girolamo Savonarola e de' suoi tempi*, Firenze, Le Monnier, 1930 (2° ed.), voll. 2

EUGENIO GARIN, *Girolamo Savonarola*, in *La cultura filosofica del Rinascimento italiano. Ricerche e documenti*, Firenze, Sansoni, 1961

Studi Savonaroliani: verso il V centenario, a cura di Gian Carlo Garfagnini, Firenze, SISMEL Edizioni del Galluzzo, 1996

LUIGI POLIZZOTTO, *La missione di Girolamo Savonarola in Firenze. Contributi storici*, Pistoia, [s.n.], 1996

Savonarola e le sue 'reliquie' a S. Marco. Itinerario per un percorso savonaroliano nel Museo, a cura di M. Scudieri e G. Rosario, Firenze, Giunti, 1998

IVAN CLOULAS, *Savonarola o la rivoluzione di Dio*, ed. it. a cura di Michele Corrieri, Casale Monferrato, Piemme, 1998

Savonarola: democrazia, tirannide, profezia, a cura di Gian Carlo Garfagnini, Firenze, SISMEL Edizioni del Galluzzo, 1998

Verso Savonarola: misticismo, profezia, empiti riformistici fra Medioevo ed Età Moderna, a cura di Gian Carlo Garfagnini, Giuseppe Picone, Firenze, SISMEL Edizioni del Galluzzo, 1999

Girolamo Savonarola: l'uomo e il frate, Atti del 35° Convegno storico internazionale, Todi, 11-14 ottobre 1998, Spoleto, Centro italiano di studi sull'Alto Medioevo, 1999

Girolamo Savonarola: storia, fede, arte, a cura di Giovanni Uzzani, Firenze, Le Lettere, 1999

GIAN CARLO GARFAGNINI, *«Questa è la terra tua». Savonarola a Firenze*, Firenze, SISMEL Edizioni del Galluzzo, 2000

Una città e il suo profeta. Firenze di fronte al Savonarola, a cura di Gian Carlo Garfagnini, Firenze, SISMEL Edizioni del Galluzzo, 2001

Girolamo Savonarola da Ferrara all'Europa, a cura di Gigliola Fragnito e Mario Miegge, Firenze, SISMEL Edizioni del Galluzzo, 2001

I processi di Girolamo Savonarola (1498), a cura di Ida Giovanna Rao, Paolo Viti, Raffaella Maria Zaccaria, Firenze SISMEL Edizioni del Galluzzo, 2001

LUDOVICA SEBREGONDI, *Iconografia di Girolamo Savonarola 1498-1988*, Firenze, SISMEL Edizioni del Galluzzo, 2004

Inglese / *English*:

DONALD WEINSTEIN, *Savonarola and Florence. Prophecy and patriotism in the Renaissance*, Princeton (N.J.), Princeton University Press, 1970

RONALD M. STEIMBERG, *Fra Girolamo Savonarola, Florentine Art and Renaissance Historiography*, Athens (Ohio), Ohio University Press, 1977

LORENZO POLIZZOTTO, *The Elect Nation. The Savonarolan movement in Florence, 1495-1545*, Oxford, Clarendon Press, 1994

The world of Savonarola. Italian elites and perceptions of crisis. Papers from the conference held at the University of Warwick, 29-31 May 1998 to mark the fifth centenary of the death of Fra Girolamo Savonarola, Aldershot, Ashgate, 2000

Francese / *French*:

ROBERT KLEIN, *Le procès de Savonarole*. Édition établie et présentée par Robert Klein avec une introduction de A. Renaudet, Paris, Le Club du Meilleur Livre, 1957

PAULETTE LAFOURCADE, *Savonarole et Florence*, Paris, Leroy, 1983

PIERRE ANTONIETTI, *Savonarole: le prophète désarmé*, Paris, Perrin, 1991

Savonarole. Enjeux, débats, questions, Actes du Colloque international, Paris 25-27 janvier, 1996, Paris, Université de la Sorbonne Nouvelle, 1997

NORBERT HUGEDE, *Savonarole et les florentines*, Paris, France-Empire, 1998

MARINA MARIETTI, *Savonarole*, Paris, Presses universitaires de France, 1997

Tedesco / *German*:

JOSEPH SCHNITZER, *Savonarola. Ein Kulturbild aus der Zeit der Renaissance*, München, E. Reinhard, 1924, 2 voll.

HANS MICHAEL THOMAS, *Savonarola. Ein Porträtbild. Religionsgeschichte, Soziologie, Psychologie*, Köln, E. J. Brill, 1984

ANDREAS FUHR, *Machiavelli und Savonarola. Politische Rationalität und politische Prophetie*, Frankfurt a. M., P. Lang, 1985

JOACHIM WEINHARDT, *Savonarola als Apologet, der Versuch einer empirischen Begründung des christlichen Glaubens in der Zeit der Renaissance*, Berlin-New York, W. de Gruyter, 2003

Spagnolo / *Spanish*:

ALVARO HUERGA, *Savonarola: reformador y profeta*, Madrid, La editorial catolica, 1978

Finito di stampare
nel mese di aprile 2006
per conto della Casa Editrice Le Lettere
dalla Tipografia ABC
Sesto Fiorentino